Derechos de autor reservados:

Ninguna parte de este libro puede ser reproducido

de manera alguna, ya sea por medios mecánicos o

electrónicos, incluyendo almacenamiento y captura

de información, sin permiso expreso del autor.

Este libro está basado en hechos históricos,

DEDICATORIA

Les dedico este libro a las personas más importantes de mi vida:

A mi esposo quien ha sido el amor de mi vida, mi compañero y apoyo en este camino que iniciamos juntos hace 36 años, y a mi hijo que ha sido una fuente inagotable de amor y orgullo.

A mi madre que ha sido un ejemplo de vida, a mi padre que descansa en paz, a mis queridísimos hermanos, y a toda mi familia a quienes quiero profundamente.

A mis amistades con quienes he disfrutado no solo momentos de alegría, sino de comprensión y apoyo cuando lo he necesitado. Especialmente a mi amiga Mayela Fernández Martínez que me ayudó en la edición de este libro, a sus hijos y esposo, a quienes considero parte de mi familia.

Alejandra

ÍNDICE

INTRODUCCIÓN

"La cultura es el conjunto de los rasgos distintivos espirituales, materiales, intelectuales y afectivos que caracterizan a una sociedad o grupo social y que abarca, además de las artes y las letras, los modos de vida, las maneras de vivir juntos, los sistemas de valores, las tradiciones y las creencias".

Organización de las Naciones Unidas para la educación, la ciencia y la cultura. (UNESCO)

A nivel personal, nuestras experiencias y cultura nos ayudan a crear una concepción del mundo que nos rodea. La idiosincrasia de los mexicanos se formó a lo largo de la historia; hay muchos aspectos que tendríamos que inferir en relación a las emociones que se vivieron y podríamos preguntarnos: ¿Qué sentían los pobladores de las culturas prehispánicas? ¿Cómo se sintieron los pueblos derrotados después de la conquista? ¿Cómo fue la transición hasta nuestros días? No podemos responder a ciencia cierta, pero sí podemos tratar de intuir sus vivencias a través de los capítulos de la historia de México.

Es a través de los Mosaicos del Alma de México, como pretendo hacer un recorrido emocional a través de la historia del país. En mi opinión, la impotencia para cambiar la circunstancia de vida de la población, ha tenido una influencia importante en la manera de ser del mexicano. Buena parte de la población mexicana preserva actitudes aprendidas de los padres, que demuestran esa impotencia: el machismo, la sumisión, la apatía, el conformismo... Y como contraparte, para contrarrestar las dificultades y conflictos, siguen aflorando la religiosidad, el humor mexicano, el compartir y tantos otros rasgos que nos caracterizan.

El objetivo de esta serie de monólogos, es el de crear conciencia sobre cómo se formó nuestra idiosincrasia; resulta interesante entender, los sentimientos que han estado presentes desde la época prehispánica hasta nuestros días.

Es importante tocar las fibras más sensibles para transformar las creencias que nos limitan, tanto a nivel personal como a nivel de sociedad. Mi intención es sembrar la semilla en el lector, para que emprenda un viaje de conocimiento, no sólo de su interior, sino del medio en el que vive.

PRÓLOGO

Cada momento en la historia de México, es un mosaico que ha formado a la cultura del país, con sus valores, ideología y percepción de la realidad. Estas características ideológicas, se expresan en las tradiciones, el arte, la música, y su cocina, que junto con la ideología y creencias, se heredan a nuevas generaciones. Las siguientes generaciones de mexicanos, con sus experiencias, han seguido formando al alma de México.

Con el pasar del tiempo,

mi alma se fue formando

con los mosaicos de mi experiencia,

en un proceso continuo que no cesa,

cada momento aporta sabiduría,

ante la adversidad me fortalezco,

creando una ideología,

que a veces me limita,

y en otras me hace feliz.

Son los valores los que me muestran el rumbo,

que me dan el impulso para buscar

los anhelos de igualdad y libertad,

en un intento que no se detiene.

Heredo mi idiosincrasia de generación en generación,

integrando nuevos mosaicos que renuevan lo que soy.

Comenzaremos con los mosaicos de la época prehispánica, tomando como punto de partida a la Malinche, quien es considerada como la madre del mestizaje, que dio origen a la mezcla de las culturas del mundo prehispánico y el europeo.

La Malinche

El espíritu de la Diosa de la Hierba,

que se alimenta de los rayos del sol,

y el espíritu de la locuacidad

que se expresa con convicción,

se unen para dar el primer aliento de vida,

a Malinalli Tenepatl, conocida como *La Malinche,*

a quien los dioses le dan la misión,

de transformar la historia de su pueblo

a través de la palabra.

Formará un lazo que trenzará las culturas hermanas

de la misma tierra que la vio nacer,

uniéndolas para liberarse del yugo común

que las esclaviza.

Será la intérprete de Hernán Cortés,

amada por algunos y odiada por otros.

Su influencia ayudará a su pueblo en la evolución.

¡Nada podemos hacer para romper su poderío!

Nos consume la crueldad de Moctezuma.

En sus manos reside el destino de nuestro mundo;

nos ha esclavizado con castigos y tributos,

manteniendo su poder inquebrantable.

Alimenta a los dioses con la sangre de los derrotados.

¿Cómo salir del abismo de la esclavitud?

¿Cómo encontrar la libertad?

Mi color es el de la sangre quemada,

es piel expuesta,

es herida abierta.

La esclavitud candente secó mi centro.

Seca fue fácil quebrarme.

Mis arcillas lloran porque soy un cántaro roto,

estoy fracturada.

Ya no contengo mis anhelos y aspiraciones.

He sido quebrantada,

y sigo perteneciendo

al que lleva agua para sí en mi cuerpo.

Soy la luz brillante que se filtra entre los huizaches,

me acerco a un valle

donde la gente ha dejado de buscarme,

viven con el rostro angustiado,

dirigido hacia la sombra de la esclavitud.

Me acerco a ellos y me poso sobre su cuerpo,

acogiéndolos con mi calor;

entonces, voltean hacia mí, descubriéndome,

sólo tienen que admirarme, para dejar de ver las sombras.

Desde mis entrañas,

siento surgir un lamento,

que ya no puedo sofocar,

me impulsa a buscar la libertad.

Estas cadenas no podrán aprisionarme más;

encontraré la ruta certera para escapar de este yugo.

¡Tomaré mi destino entre mis manos!

Cuenta la leyenda que Quetzalcóatl

fundo la ciudad de Tula;

reinó durante un periodo de esplendor para los toltecas,

prometió que regresaría;

llegará desde el mar,

prohibirá los sacrificios humanos,

promoverá la paz entre los pueblos.

¡Ha llegado el momento de su regreso!

¡Él es nuestra esperanza!

Grandes canoas impulsadas por el viento,

han llegado hasta nuestras costas,

con hombres blancos, barbados,

con vestimentas que resplandecen,

con armas y animales que nunca antes habíamos visto.

En Centla se ha librado una batalla.

Ahora el panorama es incierto.

Hoy he conocido a Quetzalcóatl;

los caciques de Centla lo han visitado con regalos:

oro, mantas, alimentos

y veinte doncellas que seremos sus esclavas.

Me bautizarán y dejaré atrás los sacrificios a mis dioses.

El náhuatl es la puerta a una nueva vida.

Yo seré la voz de Quetzalcóatl.

Cortés me ha prometido la libertad,

si soy una fiel intérprete.

¡Mi voz me lleva hacia mi destino!

Es la unión entre los pueblos oprimidos,

el camino hacia la libertad.

Cortés ha encontrado la solución,

pactó una alianza con los tlaxcaltecas y los totonacas,

convenciéndolos de acabar con el yugo azteca.

Los cholultecas, aliados de Moctezuma,

han querido emboscar a Cortés.

Descubriendo su plan,

he salvado a mi señor de una muerte segura.

Soy la india que evocó la liberación,

el lazo que unió a los pueblos oprimidos,

la fuerza con que fue arrojada la piedra por los mexicas,

el propósito que mató a su emperador.

¡Así me siento renacer!

Soy testigo de la valentía y fortaleza de Cuauhtémoc.

Luchó hasta el último aliento por el Imperio Azteca.

Hizo todo en su poder para defender su reino.

y no divulgó dónde estaba el tesoro de Moctezuma.

Soy metal precioso que deslumbra,

soy motivo para matar y arrasar pueblos,

soy grillete que esclaviza,

soy veneno que corroe el alma,

soy ilusión pasajera del poder de un imperio.

¡Y podría hacer tanto por esta gente!

Soy una paloma,

puedo surcar libremente los cielos,

elevarme hasta el firmamento,

pero mi alma llora,

porque en mi amor a Cortés, he cortado mis alas,

he descubierto lo que quisiera ser y nunca seré.

Como una hebra hábilmente entretejida,

en el diseño de un telar,

así puedo percibir hoy mi vida.

No tengo más lágrimas que llorar,

se han llevado a mi hijo Martín.

Su padre, el mismo que me prometió la libertad,

me lo ha quitado.

Nunca fui libre, sólo fue una ilusión.

La Cruz

"La fe es la sustancia de las cosas que se esperan, no son cosas que al entendimiento se le descubren, porque si se le descubriera no sería fe. Lo cual, aunque se le hace más cierto al entendimiento, no se le hace claro, sino oscuro".

San Juan de la Cruz. Subida al monte Carmelo.

Soy el calendario azteca,

corazón de los mexicas,

guío a mi pueblo,

doy el pulso a los rituales,

a las guerras y a las predicciones astrológicas;

los prevengo de los efectos devastadores de la naturaleza.

En mí se plasman las eras de los cinco soles

 y sus deidades.

Soy la cruz y simbolizo el amor de Dios.

Ayúdame Señor, a llegar al corazón de este pueblo,

y darles a conocer que eres el verdadero Dios,

ayúdame a sanar sus vidas

y a mostrarles que el amor los salvará.

¿Cómo creer en un Dios amoroso

que se nos impone con la espada?

que no protege de la furia de la naturaleza,

que nos expone a la maldad de los invasores,

que ayuda a quienes arrasaron nuestros pueblos,

¡Ese es su Dios, no el nuestro!

¿Quién alimentará ahora a nuestros Dioses?

¿Cómo ganaremos ahora su complacencia?

¿Quién nos protegerá

 de huracanes, inundaciones y sequías?

 Nos castigarán si dejamos de adorarlos,

¡Nosotros creemos en ustedes, no en un nuevo Dios!

¿Quién oculta al sol que ha dejado de brillar?

Sólo veo la noche obscura;

soy animal de carga,

el yugo me somete,

niegan a mis dioses,

destruyen mi cultura.

Quieren acabar con lo que soy.

Mi corazón se nutre con la sangre del guerrero,

mi alma no soporta la esclavitud;

quieren acallarnos con palabras de amor,

atemorizarnos con el castigo eterno,

quieren que amemos a nuestros enemigos,

exigen que seamos dóciles como corderos.

En medio del dolor y sufrimiento,

en medio de la esclavitud y del maltrato,

mientras enterramos a nuestros muertos,

llegan los misioneros,

hombres blancos que ofrecen comprensión y ayuda,

nos enseñan sobre la importancia del amor,

como apoyarnos los unos a los otros.

Ahora podemos comprender y ver,

el rostro del amor de este nuevo Dios.

Se erigen ante mí, nuevas ciudades,

se construyen con el sudor de la esclavitud;

extraemos el oro y la plata.

Nuestras vidas quedan atrapadas en minas,

muros, casonas e iglesias,

que habrán de permanecer de pie,

cuando ya no quede aliento en nuestro cuerpo.

Este es nuestro legado.

No pueden borrar mi historia,

desaparecer mi arte,

ni acallar mi lenguaje.

Aprendo a convivir,

simulo ser como ellos, pero resguardo mis raíces,

combino lo que ellos quieran que sea, con lo que yo soy,

mezclo en mi vida dos mundos.

¡Soy mestizo de corazón!

Cuando parecía que estábamos perdidos,

cuando la esclavitud nos oprimía y nos sentíamos solos,

apareció en el cerro del Tepeyac, una luz de esperanza:

Tonantzin, nuestra señora del cielo;

nos mostró el camino del amor,

del verdadero Dios por quien se vive.

Con la aparición de la Virgen de Guadalupe,

se derrumbó nuestra última resistencia.

Ella nos cuida y nos protege con su manto;

nada tememos, pues creemos en su hijo Jesús.

Renunciamos a nuestros dioses y a la maldad,

pedimos ser bautizados,

creemos en la vida eterna.

Como las aguas del rio,

encontramos un nuevo cauce,

hemos aprendido a fluir,

hay cosas que no podemos cambiar,

aceptamos nuestro destino.

Dios sabe lo que es mejor para nosotros,

hemos encontrado la paz.

Entre llantos y lamentos,

se escucha a la mujer de un hermoso huipil;

llora por todas las vidas perdidas,

por el sufrimiento de la gente,

por la miseria del pueblo,

por la esclavitud,

por la avaricia del ser humano

que nos roba los anhelos y la libertad.

Ansias de libertad

"Si se busca en que consiste el bien más preciado de todos, que ha de ser objeto de toda legislación, se encontrará que todo se reduce a dos cuestiones principales: La libertad y la igualdad, sin la cual la libertad no puede existir".

"Renunciar a la libertad es renunciar a ser hombre, a los derechos y a los deberes de la humanidad".

Jean-Jaques Rousseau. El Contrato Social.

Ha sonado con fuerza la campana de Dolores,

llama para congregarnos y nos mira dispuestos a luchar

por un futuro mejor.

Estamos reunidos aquí con ilusión,

para dar comienzo al momento más importante

de nuestra vida.

La búsqueda de la libertad.

Me erijo como su más alta aspiración,

siento el vigor que los anima,

con su corazón palpitante quieren alcanzarme,

muchos habrán de morir en el intento,

mejor morir luchando que vivir esclavizados.

Guiados con el estandarte de la Virgen de Guadalupe,

nos sentimos protegidos,

luchamos con el alma,

hay quien soporta una losa sobre la espalda,

para atacar al enemigo,

perseguimos la victoria a medida que avanzamos.

Han querido arrancar las cabezas de la independencia,

nuestro corazón sigue galopando con gran energía,

es coraje y dolor lo que hoy nos impulsa a seguir,

no cesaremos de luchar,

nada nos detendrá,

no podemos renunciar a la libertad.

Pese a estar heridos y diezmados,

nos sigue protegiendo nuestra Virgencita;

hemos podido continuar a lo largo de los años sin parar,

luchando con ahínco y con convicción,

no queremos esclavitud para nuestros hijos.

Con desconfianza y muchas dudas,

hemos decidido nuestro destino,

pactamos con los realistas el final de la insurgencia.

Es más valiente el que se arriesga,

a creer en la palabra del enemigo,

que quien sigue peleando por desconfianza.

Nos han prometido el inicio de una nueva nación,

en donde seremos libres todos por igual.

Con júbilo y esperanza nuestra alma se desborda,

empezaremos a construir nuestro mañana,

ya no queremos seguir luchando,

vamos para adelante por el bien de nuestros hijos,

ellos ya no serán esclavos como los fuimos nosotros.

Hay mucho jaloneo y traiciones entre los gobiernos,

ya no sabemos ni qué esperar;

entre tanto estira y afloja, han aumentado los impuestos,

todos se quejan, seguimos igual de pobres,

 y aunque libres, no tenemos qué comer.

Los de arriba y los de abajo no podemos avanzar,

ellos no quieren pagarnos,

y así, nosotros no queremos trabajar;

"ellos hacen como que nos pagan,

y nosotros como que trabajamos",

la situación no mejora y estamos hambrientos,

los de arriba nos quieren quebrar.

Con tanto zarandeo y desorden,

el país se ha fracturado,

los tejanos ganaron su independencia,

ellos dicen que mejor se administran solos.

No es de extrañar, porque todo es un caos.

Cada día estamos peor,

sometieron a Santana

y los gringos llegaron hasta la capital;

el hambre del más poderoso,

se comió a parte de nuestro país,

se quedó con los estados del norte.

Nada podemos hacer para mejorar.

Asegurando que el pueblo lo pide,

los de arriba han ido a Francia por un emperador.

Es una red de engaños,

en la que quieren atraparnos a todos por igual.

Nosotros elegimos a Juárez para gobernante,

pero ellos no quieren perder sus privilegios.

Ya llegó el emperador,

cree que es bien recibido, pero lo combatiremos,

No pondremos en peligro nuestra libertad.

Los liberales están dando batalla,

no será otro extranjero quien nos gobierne.

Pobres, pero libres, hasta donde aguantemos.

Fusilaron al emperador,

se veía buena persona, quiso ayudarnos a todos,

pero él no es mexicano;

mejor que entiendan de una vez,

que no queremos que vengan de afuera para gobernarnos.

Con su muerte regresará la paz.

Seguimos en guerra.

No queremos que la Iglesia se inmiscuya,

diciéndonos quién nos va a gobernar.

Los de abajo ya estamos desesperados,

seguimos igual de pobres,

hasta cuándo aguantaremos; sabrá Dios.

Porfirio Díaz nos ha hecho mucho daño,

él era como nosotros, pero ya se le olvidó;

sólo ayuda a los extranjeros y a los que tienen;

nos mata si levantamos la voz

para exigir nuestros derechos.

Él nos ha traicionado y esto duele más,

porque él es mexicano.

No hay que confiarse de nadie.

Los de arriba pagan salarios tan bajos,

que no alcanzan ni para comer;

vivimos endeudados

y nuestros hijos heredarán lo que se debe.

No hay más que seguir siendo esclavos;

de nada sirvió que mi abuelo muriera por la libertad;

si ahora nos viera,

se daría cuenta de lo inútil que fue su lucha.

Soy mazorca que adorna el campo,

consumo la vida de quienes me cosechan,

sus cuerpos quedan doblegados en las milpas,

en un ciclo que no termina.

Soy fruto que nutre y esclaviza.

Unidos no podrán pararnos;

nos hemos reunido tres mil personas en Cananea,

manifestando que estamos hartos

de los abusos de estos gringos;

con furia incendiamos sus oficinas cuando nos dispararon.

Los sheriffs del norte llegaron a matar y a encarcelar.

Otra traición de Díaz, que no le perdonaremos.

Ahora, al igual que mi abuelo, voy a luchar;

vamos a construir nuestra patria.

Me voy a unir a Emiliano Zapata en la Revolución,

para acabar con los latifundios.

¡Queremos tierra y libertad!

Con la sangre derramada en la Revolución,

conseguimos una nueva Constitución que nos ampara.

Con el derecho a la huelga,

evitaremos los abusos de los patrones.

El gobierno nos apoya,

ya formamos una confederación sindical.

Nos espera un futuro mejor.

De hambre no hemos de morir,

ahora tengo mi parcela en el ejido,

podré cultivar maíz, frijol y calabaza,

De aquí no nos mueve nadie.

¡Con esto me conformo!

Con dolor, después de algunos años,

nos dimos cuenta de la traición del gobierno,

que nos vendió a los patrones.

Nos exigen afiliarnos a sindicatos,

donde el gobierno mete la mano,

los líderes son comprados por los patrones,

acortando nuestros salarios,

nosotros no podemos hacer nada, más que aguantarnos.

Han masacrado a los estudiantes,

que levantaron la voz,

ante los excesos y corrupción del gobierno,

que reprime con mano dura y sin aplicar la justicia.

¿De qué nos sirvió nuestra constitución?

Quisieron callarnos,

detener la lucha por nuestros derechos indígenas,

nos engañaron, haciendo una matanza en Acteal.

Muchos de los nuestros murieron

para sacar a los militares.

Sin miedo a la muerte,

seguiremos defendiéndonos del gobierno,

para proteger a nuestra comunidad

y nuestros recursos naturales.

Con el nuevo tratado de comercio,

están comprando el maíz a los gringos,

ya no podemos vender el nuestro,

nos vamos para el norte a buscar trabajo.

Aquí no hay nada que podamos hacer.

Empezamos un nuevo milenio,

decididos a dejar atrás la traición del gobierno,

esperamos votar por quien nos asegure un cambio,

con otro partido es posible avanzar,

construyendo una democracia real.

La vida se marchita y se escapa,

el agotamiento se refleja en el rostro de los mineros,

de los trabajadores y de los agricultores.

La riqueza pasa por sus manos para ser enviada a otros.

¿Dónde quedaron las promesas de cambio

de hace un siglo?

Aunque hemos progresado, el cambio es lento, muy lento.

El gobierno le ha declarado la guerra a los cárteles,

que han desatado a la violencia,

matando y desapareciendo a nuestros seres queridos.

Cada día estamos peor.

Todo el país llora a lo normalistas muertos en Ayotzinapa,

el gobierno siembra pruebas y testigos falsos,

el ejército formó parte de la detención;

solo podemos concluir que es un crimen del Estado.

Hemos dejado de creer en los partidos,

no hemos avanzado como esperábamos,

seguimos igual de pobres,

los cárteles han acabado con la tranquilidad.

Necesitamos acabar con la corrupción.

Con preocupación vemos,

que la Guardia Nacional tiene cada día más cuarteles,

dicen que para controlar la inmigración;

nosotros sabemos que nos quieren tener quietos,

mientras los cárteles siguen matando,

sin que nadie los detenga.

Tenemos esperanza,

con el nuevo tratado que nos impusieron del norte,

los líderes sindicales no podrán venderse a los patrones.

Quién diría, que los gringos,

buscando proteger sus empleos,

presionarían para hacer cambios en la ley.

Sacamos a la Guardia Nacional

de las presas de Chihuahua,

unidos cuidaremos lo que es nuestro,

no vamos a dejar que le den el agua a los gringos,

nosotros la necesitamos para nuestros cultivos.

Los valores de los mexicanos

"Cuando la vida interior se encierra en los propios intereses, no se goza más de la dulce alegría del amor. No se puede ser felices solos. Es necesario redescubrir la generosidad. La vida adquiere sentido al buscar el bienestar del prójimo".

Papa Francisco

Como estrellas en el cielo,

Los valores nos guían,

nos muestran el camino,

nos dan congruencia,

ayudándonos a elegir las prioridades.

Se sustentan en tres pilares:

El amor a Dios

que nos brinda la esperanza para continuar.

El amor a la familia que nos impulsa a salir adelante.

El espíritu comunitario que nos permite apoyarnos.

Son luceros que han estado presentes,

a lo largo de la historia,

son parte de nuestra idiosincrasia.

El compartir es como un manantial,

que brota en la vida del mexicano,

calmando su sed de afecto;

la generosidad, la alegría y el apoyo nutren la vida,

protegen en medio de la adversidad

y alientan para salir adelante.

El agradecimiento y la camaradería

fortalecen el ánimo para continuar.

Como un cascabel que resuena en el interior,

el humor mexicano alegra la vida,

restando seriedad a las complicaciones.

Qué mejor manera para burlarse de las dificultades,

que disfrutar buenos momentos,

compartiendo con amigos: bromas, dichos y canciones.

Hace tiempo decidimos que "somos pobres pero felices",

aunque la alegría, la diversión y el humor,

no se oponen al progreso.

Yo soy el ingenio,

no me gusta seguir reglas,

ni tampoco instrucciones,

puedo resolver cualquier problema,

yo encuentro la forma de arreglármelas a mi modo,

y ayudo al que me necesita.

Soy la fiesta, costumbre, alegría y tradición;

por celebraciones históricas, religiosas o familiares,

soy exuberancia y derroche.

Los ahorros familiares y la solidaridad me hacen posible.

Conmigo se olvidan de sus problemas,

festejo a la vida y a la muerte por igual.

Como hormigas que recorren las calles,

la gente se dirige a trabajar;

hay una energía en ebullición

que parece moverlos en su camino;

me alegro al observarlos sonrientes,

transitando por las banquetas en una clara dirección.

Este es el México que progresa,

que desea avanzar y construir un país moderno.

La solidaridad es el abrazo de un hermano,

es el apoyo incondicional,

es la luz que sale a relucir

ante las situaciones más difíciles;

deja atrás el interés personal, arropa al necesitado,

brindando una mano a quien más la requiere.

Nuestra manera de vivir

nos fue guiando ante la adversidad,

encontramos la esperanza,

en la búsqueda de consuelo y paz,

y aprendimos a confiar en Dios.

Es nuestra madre del cielo,

la luz que ilumina al país,

forma parte de nuestra vida diaria,

depositamos nuestras penas y anhelos a sus pies;

nos consuela, nos ayuda, nos hace más ligera la carga.

Con ella se abre un nuevo horizonte en nuestras vidas:

El de la esperanza.

Solo te pido, Virgencita,

que alejes de mi lo que no convenga;

que abras mis ojos a lo que sea la voluntad de Dios.

Con el corazón lleno de esperanza,

yo puedo aguantarlo todo,

porque sé, que sea lo que sea,

es lo mejor para mí en este momento.

En donde había desesperación,

hoy hay esperanza,

mientras siento la presencia de Dios,

nada temo.

Dios mediante todo saldrá bien.

Soy la identidad del pueblo,

con orgullo represento a la nación,

me manifiesto en su religión, arte y cultura,

soy color, comida, música y fiesta.

Confían en mí, para no dejar de ser quienes son.

Defectos heredados

"No te quejes de tu pobreza,

de tu soledad o de tu suerte,

enfrenta con valor y acepta

que de una u otra manera,

son el resultado de tus actos

y de la prueba que has de ganar".

Pablo Neruda

La idiosincrasia de la cultura mexicana,

se formó ante las dificultades de nuestra historia:

la desesperanza por la esclavitud,

la desesperación ante la pobreza,

el desamparo por la falta de justicia,

la indefensión ante la inseguridad.

Aprendimos a enfrentar el desasosiego,

a vivir con esperanza y alegría.

Como contraparte, perdimos el respeto al individuo,

a la familia y a la sociedad,

adoptando a la ilegalidad, a la corrupción

y a la desconfianza en nuestra vida diaria,

reproduciendo actitudes que conocemos por su nombre:

Machismo, sumisión, apatía, conformismo....

El machismo es la careta que utiliza el hombre desvalido,

la máscara que produce un sentimiento de poder,

preserva la imagen propia a través de la dominación;

se muestra fuerte, aunque en el fondo de su ser,

no sabe cómo enfrentar los retos de la vida.

La sumisión es un látigo que golpea el alma

y lastima al espíritu,

consume el ser interior de la persona,

sus sueños y aspiraciones dejan de existir,

la atención está en atender a los demás.

Al final ocupa un lugar,

en donde a nadie le importa ya.

Como una mosca en el oído,

escucho la voz de la apatía en mi mente decir:

"Tengo que pensarlo bien,

pero para que lo pienso,

si de todos modos no sirve de nada,

entonces me digo, tengo que hacer algo,

pero no tiene caso, nada va a cambiar,

y ¿entonces qué? pues nada, de todos modos,

de nada sirve hacer algo".

El conformismo es un freno que nos limita,

impide que la gente descubra el propio valor;

hace creer que hay que aceptar lo que la vida presenta,

así, se deja de asumir el derecho al progreso;

mejor creer, que progresar es inmoral y materialista,

que exigirse a uno mismo;

mejor ignorar, que depende de cada uno,

como se transita por el camino de la vida.

La irresponsabilidad se infiltra y me convence,

evocando pensamientos que me disculpan:

"me vale", "a mí que", "hay se va ",

"es su problema, no el mío",

demostrando falta de interés y respeto hacia los demás,

mientras culpo al gobierno por la situación del país.

Escucho una voz en mi mente que me da tranquilidad,

todo se puede resolver fuera de la ley;

es cuestión de pedir ayuda;

hay que ofrecer algo a cambio;

pagar, para librarme de mis responsabilidades.

No respeto las leyes,

debilito la justicia y fomento la inseguridad.

Recuerdo la voz de mi padre decir:

"No confíes ni en tu propia sombra",

"Nunca falta el que se quiere pasar de listo",

"A la mujer ni todo el amor, ni todo el dinero".

Como un espejismo en el desierto,

nuestra imaginación crea ilusiones

a las que nos aferramos,

evadiendo la realidad,

disculpando la problemática del país,

convenciéndonos de que:

"Como México no hay dos".

Claroscuros

"La mucha luz, es como la mucha sombra,

no deja ver".

Octavio Paz

Soy el águila, me elevo hacia el cielo,

mis alas me dictan el rumbo,

al alcanzar nuevas alturas,

veo más allá de lo que conozco,

descubro en mi vuelo las partes que constituyen mi ser,

continúo elevándome, siempre descubriendo.

Penetro en el ánimo del pueblo,

escondiéndome en los rincones de la mente,

genero miedo e impotencia,

los convenzo de su debilidad;

soy la serpiente y me manifiesto

de mil maneras diferentes,

los hago cómplices de las mentiras y de sus temores.

Me abrazan como náufragos a un tronco en la tempestad.

Observo al águila que me quiere devorar,

lo que no entiende, es que yo soy quien la devoro,

sin enfrentarla, la lastimo,

con los hilos del poder,

he tejido la impotencia del pueblo.

Lo he sometido.

Les doy lo que quieren:

dinero para embriagarse,

falta de justicia para que hagan lo que quieran,

con el soborno todo se resuelve;

pueden violentar y robar sin que nada los detenga.

Son víctimas de sí mismos.

Con la religiosidad a flor de piel,

piensan que Dios lo perdona todo.

Divididos entre el cielo y la tierra,

esperan la felicidad eterna,

aferrándose al perdón divino.

La riqueza está en la vida eterna,

progresar, es un conflicto espiritual.

Con la fe que alimenta al espíritu,

llegan jubilosos los peregrinos al cerro del Tepeyac,

en este lugar, donde es palpable su devoción,

el águila y la serpiente se encuentran,

saben que es en cada mexicano,

en donde hay que enfrentar a la serpiente,

buscando entender las propias limitaciones.

El camino hacia la felicidad es personal,

el águila y la serpiente saben que no basta la fe,

se requiere de un esfuerzo propio para avanzar.

Heridas por sanar

"La verdadera igualdad no reside en el hecho de que la riqueza sea absolutamente igual para todos, sino que ningún ciudadano sea tan rico como para poder comprar a otro y que no sea tan pobre como para verse forzado a venderse. Esta igualdad, se dice, no puede existir en la práctica. Pero si el abuso es inevitable, ¿quiere eso decir que hemos de renunciar forzosamente a regularlo? Como precisamente la fuerza de las cosas tienden siempre a destruir la igualdad, hay que hacer que la fuerza de la legislación tienda siempre a mantenerla".

Jean-Jacques Rousseau. El Contrato Social

El país se encuentra lastimado,

con heridas infectadas

por problemas que no se han resuelto.

La infección se extiende a todo el cuerpo.

Cada día se hace más grave la enfermedad,

por no atender las causas que le dieron origen.

La pobreza doblega al cuerpo social,

limita las aspiraciones,

es el peso de una losa muy difícil de sobrellevar,

la carencia de todo,

el freno al desarrollo,

una deuda que no ha sido saldada.

No me pagan lo justo,

quieren que trabaje por unos cuantos pesos,

me da coraje que se aprovechen de mí,

que abusen de mi necesidad,

y crean que no valgo.

Somos indígenas, alimentamos con amor nuestra cultura,

formamos parte de ella,

entre todos protegemos las tradiciones,

no queremos dejar de existir,

los ancianos preservan nuestro dialecto,

los jóvenes lo niegan para no ser discriminados,

nuestra lengua tiende a desaparecer.

Somos diferente al resto,

mi patrón dice "que soy más terco que una mula",

en cambio, yo le digo,

"que cada quien mata las pulgas a su modo".

No queremos salirnos de donde estamos,

jalamos a los que quieren hacerlo;

para qué cambiar si todos tenemos nuestro lugar,

para qué andar de presumidos,

renegamos de lo que requiera de un mayor esfuerzo,

para qué mejorar, si así estamos bien,

solo quieren hacernos sentir menos.

Me ven menos, porque soy prieto y no pienso como ellos;

creen que soy un atenido y que no quiero trabajar.

La ayuda del gobierno me la gasto bebiendo,

¿y por qué no?

si de todos modos, el gobierno se roba el dinero.

Yo trabajo para vivir

y no voy a hacer lo que ellos quieran,

aunque me quede sin trabajo.

Como la luz y las sombras,

la distribución de los recursos es contrastante,

la riqueza no se comparte

y no se remunera bien a la gente.

La desigualdad muestra su rostro,

en los ingresos de las familias,

hay quienes tienen mucho y quienes no tienen nada.

Yo soy el cacique,

yo le aseguro al gobierno los votos,

recibo el dinero y decido cómo se reparte,

para que así, las cosas sigan igual.

Para algunos la justicia tiene precio,

para otros es inaccesible.

Se aplica al gusto de quien recibe la mejor oferta.

Los pobres no la encuentran, por más que la busquen.

La impunidad reina, sin que se haga nada por detenerla.

Yo soy el soborno,

soy la mejor opción en trámites y costos,

compro a todos en el país;

me han tejido con los hilos del poder

y no hay aplicación de la ley.

Conmigo hay una nueva forma de vivir,

en donde la ilegalidad es la regla y no la excepción.

Bajo la sombra de la pobreza,

la verdad se hace difusa,

el aprovechado y el delincuente sacan ventaja,

la desesperación y los actos ilícitos se confunden,

se ha dejado en el olvido la máxima mexicana:

"Somos pobres pero honrados".

Soy la inseguridad,

soy una bomba de tiempo a punto de explotar.

La justicia no protege, se vive en alerta y sin paz.

Algún día el enojo encenderá a una turba enfurecida.

Escucho el sonido de una metralleta

y corro a protegerme;

después, el silencio, la gente regresa a la normalidad.

Es el gran negocio de las drogas que van al norte.

Nos han dejado indefensos,

las autoridades se han coludido con los criminales.

Vivimos con extorsiones,

son los pagos que damos a los mafiosos,

para que "nos protejan" de ellos mismos.

Las autoridades no los detienen,

olvidando el deber de proteger al ciudadano.

El dolor y la duda se combinan,

por no saber sobre el destino de los seres queridos.

La esperanza de que sigan con vida,

se mezcla con la angustia de no volver a verlos.

Es la impotencia y el total desamparo,

donde el crimen manda.

¡Ya basta! Aclaman las voces de miedo, rabia y dolor,

respondiendo a la falta de protección del gobierno;

la solidaridad del pueblo toma las armas,

para defender a los suyos por propia mano,

sin dar la oportunidad de un juicio justo.

Como el canto de las sirenas,

el sueño americano

atrae a los que han perdido la esperanza

y buscan otras opciones;

en la búsqueda de ingresos,

el costo es dejar a sus seres queridos,

amenazando con destruir el valor más sagrado:

El de la familia.

Con promesas incumplidas y desesperanza,

sin la protección de la justicia.

con un sistema que asfixia a los que menos tienen,

con un "más vale votar por alguien que te de algo",

así transcurre la democracia.

Difícil conseguir el progreso,

cuando el gobierno se encarga de crear las trampas,

con las cuales atrapa a la población.

El Séptimo Sol

"Yo soy yo y mi circunstancia,

y si no la salvo a ella,

no me salvo yo".

José Ortega y Gasset

En la búsqueda de la trascendencia espiritual,

los mexicas llevaron su atención al sol.

Tonatiuh, el dios de los cielos,

reinaba en la era del quinto sol,

cuando los Caballeros Águila fueron derrotados.

Los Caballeros Águila sabían de su fuerza y su poder,

enfrentaron adversarios en múltiples batallas,

entendían las fortalezas y las debilidades del enemigo,

sabían que el miedo del oponente era su mayor aliado.

En su interior, se sabían vencedores.

La derrota del Caballero Águila acabó con su mundo,

dejó atrás su alma de guerrero,

sepultó su orgullo y valentía;

la desesperanza lo envolvió en la obscuridad,

dejó de creer en sí mismo y buscando la paz interior,

abrazó una nueva religión.

La desesperanza, como una maleza dañina,

se infiltra en la mente,

hace creer que el destino es no poder cambiar

la circunstancia en que se vive,

que nada puedes hacer,

que el sufrimiento no tiene sentido.

Sólo puedes aceptar la realidad que te toco vivir.

Soy la realidad de un momento que te atrapa.

Niego en tu mente, una experiencia mayor

a mi realidad temporal;

solo tú puedes encontrar la verdad,

enfrentando los miedos que se infiltran.

Entre más convencido estés de tus limitaciones,

menos podrás liberarte.

¡Comienza a dudar!

Hay demonios que habitan en la mente,

resultado de la experiencia, historia y cultura;

son parte de la manera de actuar,

se sustentan en los miedos:

el miedo a la violencia, la angustia ante lo que se vive,

el temor a no progresar...

Sólo tú puedes quitarles el poder,

otorgándoles la magnitud que les corresponde,

dentro de una realidad más amplia.

Como en la cima de una montaña

hay un punto en el interior de la persona,

donde confluyen el norte, el sur, el este y el oeste,

y se abren las posibilidades a una visión más amplia;

desde aquí, se ve la pequeñez de los problemas,

las limitaciones que nos imponemos,

y lo fácil que es encontrar soluciones.

A medida que entendemos la forma en que nos limitamos,

dejamos atrás creencias con las que hemos vivido,

escalando nuevos niveles de conciencia.

Como el equinoccio que ilumina a la pirámide,

al subir los escalones,

encontramos la luz del sol que nos ilumina,

vemos lo que antes era obscuridad,

entendemos que hay otras opciones,

Es cuando comenzamos el camino de la transformación.

Para transformar al país, se requiere mucho más,

la solución es la labor solidaria de la sociedad,

disminuyendo la pobreza,

pidiendo y otorgando un pago justo,

acabando con la cultura de la ilegalidad y la corrupción,

denunciando la complicidad de autoridades y criminales,

exigiendo justicia y cambiando nuestra manera de vivir.

Dice la parábola, que será

en la era del Séptimo Sol,

cuando trascenderemos los miedos y las dudas,

tomando el destino en nuestras manos,

enfrentando nuestras limitaciones en el presente;

avanzando sin temor hacia el futuro.

AGRADECIMIENTOS

Agradezco a Máyela Fernández Martínez por su labor de edición y corrección de estilo, y a Santiago, Mariana, Mayela y Miguel Vera Fernández por su entusiasta colaboración en la ilustración de la portada y contraportada de este libro.